©2020

Herstellung und Verlag: BoD – Books on Demand,
Norderstedt

ISBN: 9783752880052

Text ©Elena Wende

Illustration Petra Kraft

Digitalisierung Milli Kraft

Elena Wende

Mit Lumpi durch die Hundewelt

Kinderleicht zum KindHundTeam

Mit Bildern von Petra & Milli Kraft

Inhalt

Vorwort

Kinder und Hunde sind eine wundervolle Kombination. Vorausgesetzt es werden einige Regeln beachtet und der Hund kennt Kinder.

Ich selbst habe meinen ersten Hund mit 13 Jahren bekommen. Mein Bruder war damals 3. Wir hatten keine Hundeerfahrung und Hundeschule war damals noch etwas „anders".

Meine Mutter ist nach dem anfänglichen Satz „Wir haben drei Kinder, wir bekommen auch einen Hund groß" doch zeitweise fast verzweifelt.

Das Hundekind hatte einen Heidenspaß daran, in Hosenbeine zu beißen, der kleine Bruder rannte deshalb schreiend durch den Flur, das Hundekind rannte fröhlich hinterher. Zeitweise liefen wir mit Gummistiefeln herum, um die Waden zu schützen. Und meine Mutter überlegte, das knuffige Fellknäuel wieder abzugeben.

Wir haben Bella behalten und den frechen kleinen Hütehund dann doch noch ohne größere Zwischenfälle groß bekommen.

In meiner Ausbildung zur Erzieherin widmete ich mich dann auch dem Thema Kind und Hund. Und stellte wieder fest, wie wertvoll Hunde für Kinder sind, auch aus fachlicher Sicht.

Auch als Hundetrainerin liegt mir das Thema sehr am Herzen.

Und jetzt, wo ich selbst Kinder und Hunde habe, sehe ich wieder, wie wichtig es ist, sich damit auseinander zu setzen.

Egal, ob ein Hund in der eigenen Familie ist, oder dein Kind nur im Bekanntenkreis mit Hunden zu tun hat.

Jedes Kind sollte lernen, wie man sich bei einem Hund richtig verhält. Dadurch können Unfälle verhindert werden.

Damit auch du als Elternteil/Oma,Opa/Erzieher... dein Kind optimal in Hundesachen unterstützen kannst, habe ich auch für dich einige Tipps und Hinweise in diesem Buch eingefügt.

Im Kinderteil wird dann der Umgang mit Hunden kindgerecht vermitelt. Dabei helfen die liebevollen Zeichnungen.

Nun wünsche ich ganz viel Spaß beim Lesen!

Für die Erwachsenen

Du hast mit Kindern zu tun und interessierst dich für das Thema Hund. Super!
Dann brauche ich vermutlich gar nicht mehr so viel dazu schreiben, warum Hunde so toll für Kinder sind.
Aber ganz kurz dazu: Tiere tun Kindern sehr gut. Sie fördern das Sozialverhalten und die Entwicklung von Kindern. Sie trösten und hören einfach zu, ohne zu werten. Und natürlich kann man mit Tieren, besonder mit Hunden, als Kind auch jede Menge Spaß haben.
Damit es zwischen Hund und Kind toll bleibt und keinen Stress gibt, möchte ich dir in diesem Buch einige Tipps und
Infos geben.

Wichtige Regeln im Umgang mit Kind und Hund:

1. Lass Kind und Hund niemals alleine zusammen! Auch nicht nur mal eben kurz, wenn du auf Toilette gehst. Einer von beiden sollte immer unter Beobachtung sein, damit es nicht zu Zwischenfällen kommt. Schließlich kann man nie wissen, was Kind oder Hund gerade so einfällt. Auch Spazierengehen oder Spielen ohne Aufsicht ist tabu! Es können immer Situationen entstehen, die ein Kind alleine noch nicht regeln kann. Deshalb muss immer ein Erwachsener in der Nähe sein, der bei Bedarf eingreifen kann.

2. Auch der Hund hat ein Recht auf Ruhe!
   Biete dem Hund eine Rückzugsmöglichkeit, beispielsweise ein Körbchen oder eine Box. Je nach Alter des Kindes kann dieser Platz evtl. zusätzlich mit einem Abtrenngitter gesichert werden. So hat der Hund die Möglichkeit, sich ungestört zurückzuziehen und auszuruhen. Der Ruheplatz des Hundes ist für das Kind Tabu!
   Genauso sollte aber auch der Ruheplatz des Kindes für den Hund tabu sein. Denn auch das Kind muss sich natürlich ausruhen und zurückziehen können.

3. Verstehen
   Lerne deinen Hund zu verstehen. Reagiere nicht erst, wenn der Hund schon knurrt oder die Zähne fletscht. Hunde zeigen meistens schon viel früher, wenn ihnen etwas nicht gefällt. Beispielsweise durch blinzeln, gähnen, Blick abwenden, Nase lecken. Bereits bei diesen kleinen Anzeichen solltest du dein Kind vom Hund weg holen. So signalisierst du deinem Hund, dass du ihn verstehst und er sich auf dich verlassen kann. Das ist eine wichtige Grundlage für eine gute Beziehung zwischen Kind und Hund.

4. Keine gemeinsamen Spielsachen!
   Die Spielsachen des Kindes sind für den Hund tabu und andersherum genau so. Ein Hund kann sehr gut lernen, dass die Spielsachen des Kindes nicht für ihn sind. Und genauso kann ein Kind auch lernen, dass die Hundesachen nicht zum Spielen sind. Durch diese Regel werden Konflikte um Ressourcen vermieden.

5. Haltet euch an die Regeln!
   Achte darauf, dass ihr auch die Regeln im „Kinderteil" des Buches einhaltet. Als erwachsener hast du die Verantwortung dafür, dass Kind und Hund entspannt zusammen sind. Ein Kind kann niemals die Verantwortung für einen Hund übernehmen. Durch die Einhaltung der Regeln trägst du dazu bei, dass es zwischen Kind und Hund nicht zu Stress und Zwischenfällen kommt.

   Wenn diese Regeln beachtet werden und auf die Körpersprache des Hundes schnell und zuverlässig reagiert wird, können Kind und Hund unbeschwert zusammen Zeit verbringen.

Lumpi stellt sich vor

Hallo du!

Ich bin Lumpi. Wie du siehst, bin ich ein ganz normaler Hund.

Naja, fast.

Ein bisschen besonders bin ich schon.

Ich habe ein Schlapp- und ein Knickohr, das hat nicht jeder Hund.

Und ich liebe Kinder!

Deshalb möchte ich dich auch gerne ein bisschen mitnehmen und dir in diesem Buch etwas über uns Hunde erzählen.

Lumpis Hundewissen

Hast du schon mal mit einem Hund zu tun gehabt? Oder hast du vielleicht sogar selbst einen Hund?
Dann weißt du ja vielleicht schon ein bisschen was über uns Hunde.

Wenn nicht, lernst du jetzt etwas. Am Ende des Buches bist du dann ein richtiger Hundeprofi.

Also, wir Hunde sind Säugetiere. Das heißt so, weil wir von unserer Hundemama mit Milch gesäugt werden. Genau so, wie Menschen. Wir trinken als Welpen, so nennt man Hundebabys, Milch bei unserer Hundemama.

Wir Hunde haben Fell, vier Pfoten, einen Schwanz, den man Rute nennt, Ohren, Augen, eine sehr gute Nase und scharfe Zähne.

Die scharfen Zähne brauchen wir, weil wir wie unsere Vorfahren, die Wölfe, gerne Fleisch fressen. Und wenn du schonmal ein großes Stück Fleisch auf dem Teller hattest, weißt du, ohne Messer kriegt man das nicht klein. Da wir Hunde ja kein Messer benutzen können, haben wir unsere scharfen Zähne, mit denen wir alles gut kauen können.

Unsere Ohren können wir Hunde in alle Richtungen bewegen. Wir hören so gut, dass wir sogar Töne wahrnehmen können, die du als Mensch nicht wahrnimmst. Deshalb mögen wir Hunde es auch nicht, wenn es zu laut ist.

Unsere Nase ist übrigens noch so ein super Ding. Wir können viel besser riechen als ihr Menschen. Deshalb haben wir auch oft Aufgaben, bei der wir mit unserer Nase euch Menschen helfen können. Wir finden zum Beispiel Menschen, die gesucht werden, oder können erschnüffeln, ob irgendwo etwas versteckt ist.
Wenn du einen Hund hast, kannst du das mal ausprobieren. Versteck einfach ein Stückchen Futter in einem Karton mit Papierschnipseln. Das findet dein Hund dann.

Augen haben wir Hunde natürlich auch. Mit diesen können wir auch prima sehen, wenn sich etwas bewegt. Viele Hunde können sogar ein Leckerchen fangen, das in die Luft geworfen wird. Nur Farben sehen wir Hunde nicht so gut wie du.

Wir Hunde leben schon seit sehr sehr langer Zeit bei euch Menschen. Ungefähr 35000 Jahre. Das ist wirklich lange.

Dadurch dass wir Hunde so viele Sachen besonders gut können, sind wir nicht nur Haustier und bester Freund, sondern oft auch Helfer. Z.B. bei der Polizei als Spürhund, als Blindenhund, als Rettungshund und noch mehr.

Damit wir Hunde zufrieden und glücklich sind, brauchen wir eine Familie die uns versorgt.

Dazu gehört es, dass wir täglich Futter und frisches Wasser bekommen. Fressen tun wir gerne Futter mit Fleisch, aber auch Gemüse, Obst, Kartoffeln, Nudeln und Reis.

Gefüttert werden können wir mit fertigem Hundefutter oder auch mit frischem Futter, das so ähnlich wie dein Mittagessen gemacht wird.

Wir Hunde möchten einen gemütlichen Schlafplatz haben, wo wir in Ruhe schlafen und uns ausruhen können. Du musst nämlich wissen, Hunde schlafen bis zu 20 Stunden am Tag. Das ist wirklich viel. So viel schlaft ihr Menschen nicht.

Mehrmals am Tag möchten wir nach draußen zum Spazierengehen. Hunde brauchen nämlich auch viel Bewegung und frische Luft.

Dabei erledigen wir dann auch unser Geschäft und schnüffeln ausgiebig was es so Neues gibt. Das ist so ähnlich, wie wenn ihr Menschen Zeitung lest, Nachrichten schaut oder dir deine Freunde nach dem Wochenende erzählen, was sie so gemacht haben.

Wir Hunde hinterlassen auch gerne an verschiedenen Ecken unseren Geruch.

Wir Rüden, so nennt man uns Hundejungen, heben unser Bein. So markieren wir unser Revier. Dann wissen andere

Hunde gleich, dass wir dort spazieren waren. Hundemädchen nennt man übrigens Hündinnen.

Beim Spazieren gehen tragen wir Hunde ein Halsband oder ein Brustgeschirr. Das ist so eine Art Halsband, aber halt nicht am Hals, sondern um den Bauch. Daran wird dann die Hundemarke befestigt. Eine Hundeleine braucht man auch. Damit wir Hunde nicht doch mal weglaufen und Unsinn anstellen. Besonders junge Hunde kommen manchmal auf die Idee Quatsch zu machen, dann ist es gut wenn sie angeleint sind.
Wenn ein Hund gut erzogen ist, darf er an manchen Orten auch ohne Leine laufen und spielen.

Was wir Hunde auch brauchen, ist Erziehung. Wir wollen gerne lernen, was wir dürfen und was verboten ist. Das kann uns ein Erwachsener beibringen. Manche Hunde lernen auch sehr gerne kleine Tricks, wie zum Beispiel ein Spielzeug zurück zu bringen. Das nennt man apportieren.

Neben der Erziehung und den ganzen anderen Dingen gibt es noch etwas, was für uns Hunde sehr wichtig ist: Nämlich Zeit mit unseren Menschen zu verbringen. Die meisten Hunde lassen sich sehr gerne von ihrer Familie streicheln und möchten mit ihren Menschen spielen und zusammen sein.

Manchmal müssen wir Hunde auch zum Tierarzt. Dort werden wir, wie du beim Kinderarzt, behandelt, wenn wir krank sind, oder bekommen eine Impfung, damit wir gesund bleiben.

Lumpis Tag

Ich nehme dich einfach mal mit durch meinen Tag.

Es ist Montag morgen.
Ich liege gerade noch gemütlich schlummernd in meinem Körbchen.

Da höre ich, wie Frauchen und die Kinder aufstehen.
Ich strecke mich genüsslich und warte, dass sie endlich zu mir kommen.

Dann begrüße ich sie fröhlich mit dem Schwanz wedelnd. „Guten morgen Lumpi!" ruft mein kleiner zweibeiniger Freund. Er krault mich ordentlich hinter dem Ohr. Das ist so schön.

Dann Frühstücken alle.

Ich höre, wie mein kleiner Freund sagt „Mama, darf Lumpi wieder mit zum Bus?" „Na klar", antwortet Frauchen.
Als alle fertig und angezogen sind, nimmt Frauchen meine Leine. „Komm Lumpi, wir wollen los."

Also gehen wir gemeinsam los. Zuerst bringen wir den kleinen Zweibeiner zum Bus. Ich würde so gerne mit fahren, aber ich darf nicht. „Lumpi, du darfst nachher mit." sagt Frauchen. Aber erst gehen wir noch eine runde Gassi. Ich schnüffle ausgiebig an allen Ecken und markiere mein Revier.

Wieder Zuhause angekommen bekomme ich auch was zu futtern. Hm, schmeckt das gut.
Jetzt mache ich erst nochmal ein kleines Nickerchen.
Am Vormittag sagt Frauchen dann zu mir: „Komm Lumpi, wir wollen in den Kindergarten!" Endlich!

Ich darf nämlich manchmal mit Frauchen die Kinder besuchen gehen. Weil ich doch so gerne dabei helfe, dass ihr Kinder uns Hunde besser versteht.

Im Kindergarten wartet schon eine Gruppe Kinder auf uns.
Alle sitzen schön ruhig im Stuhlkreis. Das finde ich prima, wenn es zu laut ist, mag ich das nämlich nicht so gern.
Alle Kinder dürfen mich der Reihe nach streicheln kommen. Das machen die Kinder ganz prima, sie haben es nämlich vorher schon geübt.
Als wir fertig sind, nehmen wir meinen kleinen Zweibeiner auch wieder mit nach Hause.

Zuhause angekommen schaue ich erstmal den Kindern beim Spielen zu. Am liebsten liege ich dabei auf dem Teppich.

Danach mache ich erst nochmal ein Nickerchen, beim Mittagessen bekomme ich sowieso nichts ab. Vielleicht bleibt ein Rest für mein Abendfresschen übrig.

Nachmittags gehen wir dann alle zusammen raus.
Gemeinsam mit den Kindern klettere ich gerne im Wald herum oder suche etwas, das für mich versteckt wird.

Nach dem Spaziergang Ruhe ich mich dann erstmal wieder aus und kuschel mit meiner Familie. Wir Hunde brauchen nämlich echt viel Schlaf. Ungefähr 17 bis 20 Stunden. Das ist viel mehr, als ihr Menschen schlaft.
Nach meiner Pause schaue ich, was meine Menschen machen. He, könnte mich jetzt bitte mal jemand kraulen? „Komm her Lumpi" sagt Herrchen. Ich setzte mich neben ihn und lasse mich ordentlich kraulen.

Während die Kinder noch ihr Abendprogramm sehen dürfen, bekomme ich mein Futter. Super! Vom Mittagessen habe ich auch einen Klecks abbekommen.
Nun sagen mir die Kinder gute Nacht und gehen ins Bett. Etwas später darf ich dann nochmal kurz mit Herrchen raus, um zu pullern.
Danach mache ich es mir in meinem Körbchen gemütlich und schlafe zufrieden ein.

Lumpis Hunde ABC - Wie sprechen Hunde?

Auch wir Hunde haben wie ihr Menschen Gefühle.
Genau wie du auch, habe ich manchmal Angst, bin
traurig, freue mich, oder kann auch wütend sein.

Damit du mich und meine Hundefreunde besser
verstehst, möchte ich dir nun erklären und zeigen, wie wir
Hunde sprechen.

Wir Hunde geben auch Geräusche von uns. Wir können
bellen, jaulen, winseln und knurren.
Sprechen wie ihr Menschen können wir Hunde aber nicht.
Das geht nur im Film oder in Geschichten.

Aber wir können mit unserem Körper sprechen. Das
nennt man Körpersprache. Und das kannst du auch.
Stell dich mal vor einen Spiegel.
Jetzt schau dort mal freundlich rein, lach mal und freue
dich.
Und nun tu mal so, als wärst du ganz traurig. Oder
wütend.
Siehst du? Deine Augen, dein Gesicht und auch dein
Körper sehen dann ganz anders aus.

So zeigen auch wir Hunde, wie es uns geht, mit unserem
Gesicht und unserem Körper.
Besonders gut kannst du unsere Laune an unseren Augen,
Ohren und der Rute erkennen. Aber auch unsere

Körperhaltung verrät viel. Ob wir grade aufrecht stehen, oder uns ducken, zeigt dir auch an wie wir gelaunt sind.

So, jetzt will ich dir aber ein paar Beispiele zeigen!

Zufriedener, entspannter und aufmerksamer Hund

Schau mal, meine Ohren sind nach vorne gerichtet und ich schaue aufmerksam. Meine Rute hängt entspannt. Meine Schnauze ist leicht geöffnet und ich zeige meine Zähne nicht. Vielleicht wedel ich auch leicht mit der Rute.

Was meinst du? Sehe ich eher aufgeregt aus, oder entspannt und freundlich?

Genau! Ich bin grade zufrieden und glücklich.

Wenn du einem Hund begegnest, der so aussieht, kannst du den Besitzer fragen, ob du dich dem Hund nähern darfst.

Wenn du einen Hund streicheln möchtest, musst du immer erst den Besitzer fragen. Nicht jeder Hund möchte gerne angefasst werden. Wenn der Besitzer sagt, dass der Hund nett ist und du ihn anfassen darfst, frag doch auch, wo der Hund besonders gerne gekrault wird.

Ängstlicher Hund

Schau dir zuerst mal mein Gesicht an. Meine Augen sind ganz groß. Vielleicht siehst du sogar das Weiße in meinen Augen. Die Ohren sind nach hinten angelegt. Mein Gesicht sieht wie glatt gezogen aus.
Ich habe den Schwanz ganz weit nach unten oder sogar zwischen die Beine geklemmt. Mein Rücken ist etwas rund.

Wenn du einen Hund siehts, der so aussieht, dann hat der Hund Angst.
Einen ängstlichen Hund solltest du lieber in Ruhe lassen.
Wenn du Angst hast, möchtest du bestimmt auch lieber von Mama oder Papa getröstet werden und nicht von jemand Fremden, oder?

Wütender Hund

Meine Ohren sind angelegt oder nach vorne gerichtet. Ich zeige meine Zähne.
Meine Lippen sind angespannt nach oben gezogen.
Meine Nase ist vielleicht sogar ein bisschen gerunzelt.
Was meinst du, habe ich gute Laune, lächel ich vielleicht, oder eher nicht?
Sehe ich glücklich und entspannt aus, oder eher sauer und wütend?

Genau!
Auf dem Bild bin ich wütend.

Warst du schonmal so richtig wütend?

Wolltest du da gerne mit jemandem spielen und Kuscheln?
Bestimmt nicht.

Wenn du einen wütenden Hund siehst, solltest du ihn auf jeden Fall in Ruhe lassen. Der Hund möchte keinen Kontakt und nicht gestreichelt werden. Geh am besten einfach ruhig und langsam vom Hund weg und sag einem Erwachsenen bescheid.

Spielaufforderung

Mein Popo ist in die Luft gestreckt, die Vorderbeine liegen auf dem Boden. Mein Schwanz wedelt. Manchmal gucke ich dabei auch komisch und wedel mit der Rute.

Sehe ich traurig oder wütend aus?
Wie schaue ich?

Stimmt! Ich sehe gut gelaunt und lustig aus.
So zeige ich dir, dass ich spielen möchte.

Du darfst meinen Besitzer fragen, ob du mit mir spielen kannst. Vielleicht hat er ein Spielzeug, dass du für mich verstecken darfst. Dann können wir gemeinsam mit meinem Besitzer spielen.

Jetzt hast du schon ganz schön viel darüber gelernt, wie wir Hunde sprechen und weißt jetzt auch, wann du dich uns Hunden nähern kannst und wann lieber nicht.

Lumpis Hunderegeln

Damit du weißt, was wir Hunde mögen und was nicht, habe ich für dich jetzt ein paar wichtige Regeln im Umgang mit uns Hunden.

1. **Frage immer erst den Besitzer, wenn du zu einem Hund Kontakt aufnehmen möchtest.**

    Wenn du beim Spazierengehen, vor einem Geschäft oder sonst irgendwo einem Hund begegnest, gehe nicht einfach zu dem Hund hin. Frage erst den Besitzer, ob du zu dem Hund darfst. Wenn der Besitzer erlaubt, dass du zum Hund gehst, lass den Hund entscheiden, ob er Kontakt möchte. Halte dafür deine Hand hin und lasse den Hund an deiner Hand schnüffeln. Wenn der Hund auf dich zukommt und freundlich ist, möchte er Kontakt. Am besten fragst du den Besitzer, wo der Hund am liebsten gestreichelt wird. Hunde mögen es nicht so gerne, wenn sie auf dem Kopf gestreichelt werden. Die meisten Hunde mögen es lieber, an der Brust oder an der Seite angefasst zu werden.

2. **Wenn der Hund in seinem Körbchen liegt, oder sich ausruhen und schlafen möchte, lass ihn in Ruhe!**

Auch ein Hund möchte sich mal in Ruhe hinlegen und ausruhen oder schlafen. Wenn du müde bist, möchtest du sicherlich auch nicht von anderen gestört werden.

Deshalb solltest du einen Hund ganz in Ruhe lassen, wenn er sich ausruht.

Das Hundekörbchen oder die Hundedecke gehört übrigens dem Hund. Deshalb solltest du dich dort auch nicht hinsetzen oder hinlegen, wenn der Hund grade nicht dort liegt. Du möchtest vermutlich auch nicht, dass jemand anderes sich einfach in dein Bett legt und dort schläft.

3. **Störe einen Hund nicht beim Fressen und nimm ihm kein Futter weg!**

Hunde verteidigen oft ihr Futter. Da wir Hunde keine Hände haben, tun wir das manchmal auch mit unseren Zähnen. Deshalb darfst du einem Hund niemals sein Futter oder Kauknochen wegnehmen.

Fasse auch nicht in Richtung Napf, wenn der Hund frisst. Auch nicht, wenn du etwas zu fressen hineinlegen möchtest.

Wenn der Hund grade etwas leckeres kaut, lass ihn in Ruhe, bis er fertig ist.

Wenn du einen eigenen Hund hast und ihn gerne füttern möchtest, lass dir von einem Erwachsenen helfen.

Ihr könnt dann gemeinsam den Napf auf einem Tisch oder der Anrichte befüllen. Den gefüllten Napf kannst du dann deinem Hund hinstellen. Danach setzt du dich am besten irgendwo anders hin oder gehst weg von deinem Hund, bis er aufgefressen hat.

Wenn du einem Hund ein Leckerchen geben möchtest, frage auch erst den Besitzer. Wenn er es erlaubt, kannst du das Leckerchen entweder mit der flachen Hand hinhalten oder du kannst es dem Hund auf den Boden werfen.

4. Sei nett zum Hund und tue nichts, was du auch nicht mögen würdest

Auch Hunde haben Gefühle. Es tut einem Hund weh, wenn du an seinem Schwanz oder den Ohren ziehst. Auch die empfindliche Hundenase oder die Augen sollten nicht angefasst werden. Wenn ein Hund auf dem Boden liegt, pass bitte auf, dass du nicht auf ihn trittst. Ein Hund kann nichts sagen und hat keine Hände, um dich festzuhalten, wenn ihm etwas nicht gefällt. Deshalb kann es passieren, dass der Hund nach dir schnappt, wenn du ihn ärgerst.

5. Beuge dich nicht von oben über einen Hund und schaue ihm nicht direkt in die Augen!

Für einen Hund ist es eine Bedrohung, wenn man ihm lange direkt in die Augen sieht. Deshalb solltest du das nicht tun. Auch wenn du dich über den Hund beugst, kann er sich bedroht fühlen.

Und wenn ein Hund sich bedroht fühlt, kann es passieren, dass er sich wehrt. Deshalb vermeide diese Bedrohungen.

Wenn dich jemand bedroht, fühlst du dich bestimmt auch nicht wohl, oder?

6. Versuche niemals raufende Hunde zu trennen!

Genau wie bei Kindern kann es auch bei Hunden vorkommen, dass sie sich streiten und miteinander raufen. Wenn du siehst, dass zwei Hundes sich streiten, gehe ruhig und langsam von den Hunden weg. Du solltest auf gar keinen Fall versuchen die Hunde zu trennen oder dazwischen zu gehen. Auch nicht, wenn du deinem Hund helfen möchtest. Hole einen Erwachsenen zur Hilfe. Wenn ein Hund kämpft, ist er so sehr auf den anderen Hund konzentriert, dass er nicht mitbekommt, wenn du dazu kommst, und deshalb vielleicht sogar nach dir schnappt.

7. Renne nicht in der Nähe von Hunden und laufe nicht vor einem Hund davon.

Wenn du vor einem Hund davon läufst oder schnell an ihm vorbei rennst, kann es sein ,dass der Hund versucht dich zu fangen. Hunde sind nämlich gute Jäger und sehr schnell.

Deshalb bleibe lieber stehen, wenn ein Hund auf dich zukommt, oder gehe langsam an einem Hund vorbei.

8. Komme den Zähnen eines Hundes nicht zu Nahe!
Wie du ja schon gelernt hast, haben Hunde ziemlich große und starke Zähne. Deshalb solltest du auch beim Spielen darauf achten, nicht zu nahe an die Hundezähne zu kommen. Greife niemals in das Hundemaul, um ihm ein Spielzeug abzunehmen. Warte, bis der Hund das Spielzeug hinlegt. Du solltest auch nicht ohne einen

Erwachsenen mit einem Hund spielen. Hunde können beim Spielen nämlich auch mal ganz schön wild werden, das kennst du vielleicht auch vom Spielen mit deinen Freunden. Dann kann es passieren, dass der Hund im Spiel aus Übermut statt seines Spielzeugs dich erwischt. Deshalb solltest du aufhören mit einem Hund zu spielen, wenn er zu wild wird.

9. Jeder Hund ist anders!

Genau wie Kinder verschiedene Dinge gerne mögen, sind auch Hunde unterschiedlich. Der eine mag lieber am Ohr gekrault werden, der andere lieber an der Brust. Manche Hunde spielen sehr gerne mit Kindern, andere haben lieber ihre Ruhe. Frage deshalb immer den Besitzer, was der Hund gerne mag. So könnt ihr dann gemeinsam überlegen, ob ihr zusammen etwas spielen könnt, was dem Hund und dir Spaß macht.

10. Umarme einen Hund nicht!

Hunde mögen es nicht, wenn sie umarmt werden. Sicherlich umarmst du gerne jemanden, den du magst. Deshalb würdest du vielleicht auch gerne einen Hund umarmen. Für den Hund fühlt sich das aber eher wie eine Bedrohung an, weil er nicht weglaufen kann, wenn es ihm nicht gefällt.

Du kannst einem Hund auch anders zeigen, dass du ihn magst. Zum Beispiel, indem du ihn an seinen Lieblingsstellen kraulst.

Wow! Jetzt hast du aber wirklich viel über Hunde gelernt.

Wenn du die Regeln beachtest und genau schaust, was der Hund mit seinem Körper sagt, dann werden meine Artgenossen und du bestimmt tolle Freunde.

Wir Hunde finden es nämlich super, wenn uns jemand versteht.

Und wenn du einem Hund eine Freude machen möchtest, kannst du ihm etwas zu spielen basteln.
Zum Beispiel einen Karton mit Packpapierschnipseln und leeren Klorollen. Darin kannst du dann Leckerchen oder Spielsachen verstecken. Mit Hilfe von einem Erwachsenen kannst du die Kiste dann deinem Hundefreund zum schnüffeln und fressen geben. Der Hund freut sich bestimmt darüber.

Lumpis Wissensquiz

Jetzt wollen wir doch mal schauen, ob du gut aufgepasst hast:

Auf welchem Bild hat Lumpi gute Laune und ist zufrieden?
(B, C, E, F)

Auf welchem Bild hat Lumpi richtig schlechte Laune?
(A)

Auf welchem Bild hat Lumpi Angst?
(D)

Bei welchem Bild solltest du Lumpi lieber nicht streicheln?
Und warum nicht?
(A – weil er schlechte Laune hat. Er könnte beißen.
D – weil er Angst hat, er möchte nicht gestreichelt werden.
E - weil er schläft, ein schafender Hund braucht seine Ruhe.)

Auf welchem Bild darfst du den Besitzer fragen und Lumpi schnuppern lassen und streicheln, wenn er mag?
(B, C, F)

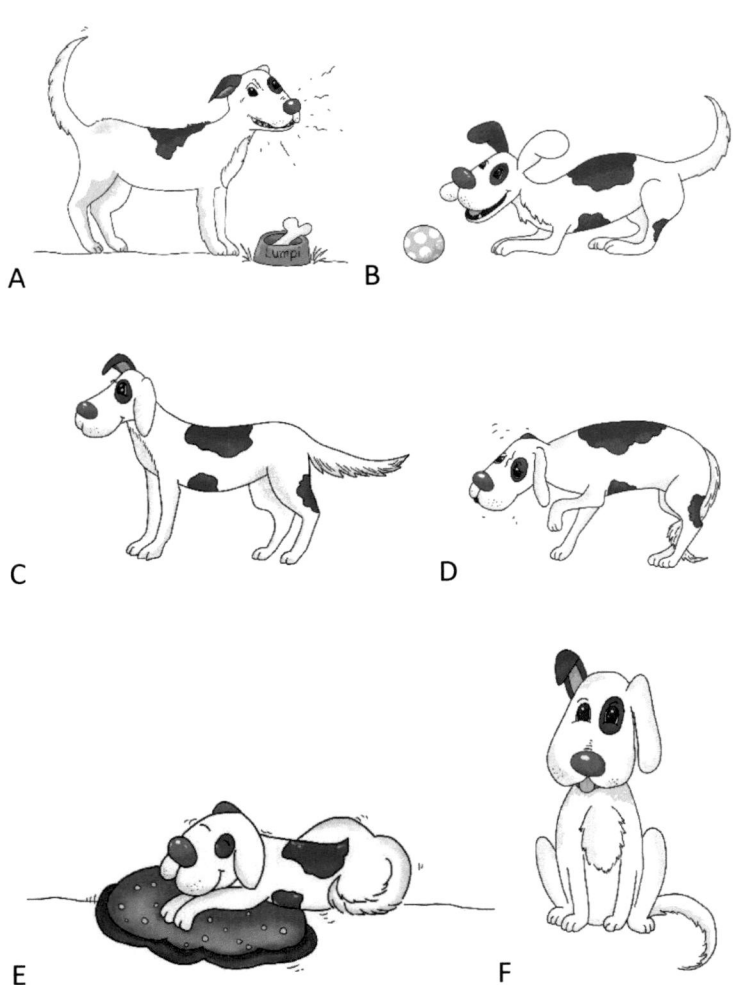

A

B

C

D

E

F

Super!

Jetzt weißt du alles wichtige über Hunde.
Wenn du einen eigenen Hund hast, seid ihr jetzt
bestimmt ein super KindHundTeam!

Ich wünsche dir ganz viel Spaß mit deinen
Hundefreunden.

Und weil du so toll mitgemacht hast, habe ich auf der nächsten Seite noch ein Ausmalbild für dich.

Lumpi zum ausmalen

Danksagung

Ich möchte mich herzlich bei meiner Familie und allen Mitwirkenden bedanken, die dieses Buch ermöglicht haben!

Danke an meinen Mann und meine Kinder dafür, dass sie mich auch mal schreiben lassen haben.

Besonderen Dank auch meinem Sohn Bela, der bei der Bildauswahl mit seiner Kritik geholfen hat.

Danke an meine Hunde, besonders Gianni (Spitzname Lumpi), für die Inspiration für die Bilder und den Namen.

Danke auch an Teddy, den Hund von Familie Kraft für die Inspirationen.

Und ganz besonders herzlichen Dank an Petra und Milli Kraft! Für die liebevollen Zeichnungen und digitale Umsetzung. Ihr habt geduldig alles umgesetzt, was mir wichtig war. Einschließlich der Nase...

Und natürlich auch ein riesengroßes und herzliches Dankeschön an alle, die vorab Test- und Korrektur gelesen haben!